Uwe-Michael Gutzschhahn

Unsinn lässt grüßen

Gedichte

Mit Radierungen von
Erhard Dietl

GERSTENBERG

Ich weiß, ich will nichts bedeuten,
weshalb ich so heiter bin.

(frei nach Heinrich Heine)

Assellied

Dem rasselnassen Prasselwind
gibt sich in Kassel eine Assel hin
und quasselt laut in das Gezassel:
Was für ein asselnder Schlamassel.

Akrobat

Ein Rindvieh stand auf einem Bein,
fand Fladen und Gestank nicht fein,
wollt lieber ein Flamingo sein.

Hasenbegegnung

Des Hasen Nase schnuppert üble Gase.
Vor kurzer Phase leerte hier ein andrer Hase
anscheinend gründlich Darm und Blase.

Unwetter

Regen scheint
die Sonne schüttet
und es hagelt Laub
Bäume werfen Wolken ab
und die Nacht ist taub

Flocken schrein
der Himmel schlottert
und es bellt der Mond
Hunde fliegen durch die Zäune
wo der Tag sich sonnt

Ahorn und Eichhorn

Flitzt ein Ahorn durch den Garten,
rast am Stamm vom Eichhorn rauf,
sitzt 'ne Katze auf dem Eichhorn,
lauert dort dem Ahorn auf.
Fliegt vor Schreck der kleine Ahorn
oben aus dem Eichhorn raus.

Der Panther

Es lief im Zoo
ein Panther an den Stäben
seines Käfigs auf und ab –
musste wohl aufs Klo

Arme Maus

Kleine Maus
hätt so gern Applaus
traut sich aber nicht hinaus
steht vielleicht ein Schneemann vor dem Haus
sieht bestimmt ganz schaurig aus

Olle Scholle

Olle Scholle wollte eine Rolle Wolle,
Rolle quoll in Holle Bolles Jolle,
die mit ihrer vollen Tolle
schmollend saß an ihrer Ruderdolle
und verzweifelt biss in eine Knoblauchknolle.
Holle Bolle blieb bis heut verscholle.
Doch am Meeresgrund holt' sich die olle Scholle
ihre tolle Rolle Wolle
aus Frau Bolles aufgequollner Jolle.
Stank dort unten gar nicht sehr nach Knolle.

Schreckgedicht

Mauert auf der Kauer eine Latze,
vappt dort einen Togel mit der Schnatze,
hägt im Traul ihn molz nach Staus.
Naber ein, o Greck o Schraus!
Schellt ein Bund, die Hatz erkauert,
mauchend feißt ihr Raul sie auf –
und der Hogel viegt flitternd in den Zimmel auf.

Meisen

Ameise sucht Bmeise

Cmeise sucht Dmeise

Emeise sucht Fmeise

Gmeise sucht Hmeise

Imeise sucht Jmeise

Kmeise sucht Lmeise

Mmeise sucht Nmeise

Omeise sucht Pmeise

Qmeise sucht Rmeise

Smeise sucht Tmeise

Umeise sucht Vmeise

Wmeise sucht Xmeise

Ymeise sucht Zmeise

...

Es suchen sich unendlich viele Meisen

nur das ABC reicht nicht

Alle meine Freunde

Arndt Achduschreck

Bert Bleibmirweg

Dirk Drehdichum

Ernst Ehnichtgern

Franz Fliegnachhaus

Gert Glotznichtblöd

Horst Haubloßab

Jörg Jucktmichnicht

Kai Kucknichtso

Lars Lupfdenhut

Mike Maulnichtrum

Nick Nienichtnein

Paul Plumpsinsklo

Quick Quatschnichtso
Rick Rausmitdir
Sepp Schleichdichfort
Tim Tunichtso
Ulf Ulknichtrum
Veit Vollderdepp
Wolf Waswillstdu
Zipp Zudietür

Ich Ichbintoll
Vier Freunde such ich noch
im Internet

Kleines Schimpfgedicht

Du
Zappelpappel
Schnebbelbebbel
Trippelknippel
Hockelsockel
Suppelpuppel
Fäckelsäckel
Lörgelnörgel
Gückelmückel
Meiselzeisel
Heuselteusel

Ach less mich on Ruh!

Spucknapf-Demo

Joghurtbecher Joghurtbecher
Spucknapf
Joghurtbecher Joghurtbecher
Spucknapf
Beghurtjocher Beghurtjocher
Napfspuck
Beghurtjocher Beghurtjocher
Napfspuck
Naghurtjupfer Naghurtjupfer
Speckboch
Naghurtjupfer Naghurtjupfer
Speckboch
Spughurtjocher Spughurtjocher
Nepfback
Spughurtjocher Spughurtjocher
Nepfback
Jaghurtbucher Jaghurtbucher
Spocknepf

Jaghurtbucher Jaghurtbucher
Spocknepf
Spughurtnacker Spughurtnacker
Jochbepf
Spughurtnacker Spughurtnacker
Jochbepf
Noghurtspucker Noghurtspucker
Bechjapf
Noghurtspucker Noghurtspucker
Bechjapf
Bughurtjapfer Bughurtjapfer
Nochspeck
Bughurtjapfer Bughurtjapfer
Nochspeck

Weitermachen
bis Spucknapf voll

Klogedicht

Klopapier
wollte Dank dafür
dass es mir
von der Rolle hier
etwas gab

Nahm ich mir
ein paar Blatt Papier
wischte mir
meinen Hintern schier
gründlich ab

Da nicht für
kriegst genug von mir
Wurst und Bier
jetzt verschwinde hier
ich zieh ab

An die Sterne

für Natalie

Gute Nacht ihr lieben Sterne
könnt ja morgen wieder glühn
heute muss ich leider schlafen
wenn ich wach bin zähl ich neu

Mann im Mond

Vom Mond herunter winkt ein Mann
der scheint dort schön zu wohnen
macht nachts die Küchenlampe an
und kocht sich grüne Bohnen

Und wenn du auf der Erde hier
stehst fest auf deinen Füßen
dann hol ihm schnell ein Fläschchen Bier
und ruf: Unsinn lässt grüßen

Aller Anfang

Linker Fuß die rote Socke
rechter Fuß die blaue Socke
oder umgekehrt?

Linker Fuß die Wintersocke
rechter Fuß die Sommersocke
oder andersrum?

Linker Fuß die Schafwollsocke
rechter Fuß ganz ohne Socke
oder noch mal neu?

Linker Fuß die blaue Socke
rechter Fuß die rote Socke
oder umgekehrt?

Linker Fuß die Sommersocke
rechter Fuß die Wintersocke
oder andersrum?

Linker Fuß ganz ohne Socke
rechter Fuß die Schafwollsocke
oder noch mal neu?

Ach was soll's.
Ich hab ja Stiefel an.

Schlaflied für Rabenkinder

Suche eine Antwort auf die Frage
spricht der alte weise Rabe
wohin fliehen Nacht um Nacht die Tage

Gibt es noch genug für tausend Jahre
fragt der alte weise Rabe
oder sind sie morgen Mangelware

Gut dass ich demnächst Geburtstag habe
denkt der alte weise Rabe
und noch einen Wunsch frei habe

Die Fische

Wem die Fische abends gerne lauschen?
Großem Meereswellenrauschen
fernem Himmelsmöwenflattern
und den Winden die in weißen Segeln knattern
wenn die Sonne rot den Horizont hinunterrollt
und es donnernd aus den schwarzen Wolken grollt

Staunend hören sie dem allen zu
träumen nachts in ihrer meeresschwarzen Ruh
dass sie Wolkensonnen gleich
möwensegelweich
ganz hoch oben an dem Himmel stehen
und im Wasser stumme Fische schwimmen sehen

Sommernacht

Als ich lag im Schlummerschlummer
kam ein fetter Brummerbrummer
machte laut mir Kummerkummer
bis ich müde mich vom Bett erhob

Sagte ich du dummerdummer
dicker fetter Brummerbrummer
machst mir nie mehr Kummerkummer
klatschte mit der Zeitung wild und grob

Doch der fette Brummerbrummer
fiel in keinen Schlummerschlummer
flog im Zimmer rumundrummer
bis ich wütend aus dem Zimmer stob

Die Tüte

Eine Tüte kam gelaufen
wollte ein paar Brötchen kaufen
riss ein Windstoß auf die Tür
der war eigentlich hinter ihr
knallt die Türe wieder zu
war die Tüte platt im Nu
und die Beine krumm und schief
Tüte nie mehr Brötchen holen lief

Einer

Es war mal einer,
den kannte keiner,
da wurde er Designer
und kläfft jetzt als Vierbeiner.

Ferien

In meinen Sommerferien,
da fahr ich nach Siberien.

Ach nein, ich fahr ja nach Sibirien
in meinen Sommerfirien.

Und du fährst nach Italien
in deinen Sommerfalien?

Wenn

Wenn niemand will
was ich wohl will
dann bin ich nicht
die Ilsebill

Dummer Junge

Mach auf die Tür
ich will zu dir
und küsst du mir
flieg ich auf dir

Eine wahre Geschichte

Heute kam ein Mann zu mir,
wollte ein Pfund Wurstpapier.

Als ich fragte: Und was noch,
bat er mich auch um ein Loch.

Fragte ich: Was soll das werden?
Sagte er: Ich geb's den Pferden.

Und die werden davon satt?
Meinte er: Ja, ja, so grad.

Brauchen Sie noch eine Tüte?
Aber ja, du meine Güte!

Wenn ich morgen wiederkomm,
nehme ich drei Kilogromm.

Und wovon dann bitte sehr?
Mir egal, Hauptsache schwer.

Doch erzählen Sie's nicht weiter,
denn ich bin hier nur der Reiter.

Sagte ich: Ach so, na klar,
die Geschichte ist wohl wahr?

Aufgegessen

Es
    war
        ein
            Mahl

Ludewig

Einmal nahm der Ludewig
eine Prise Puderzwick.

Ha-tschi!

Krank

Eine Tablette lag auf dem Tablett
da brachte sie Mama ins Bett

Wie ich zu meinem Namen kam

Kam ein Hahn die Straße lang
rief er: Gutzscht die Pferde an
was auf Sächsisch einfach heißt:
Macht die Kutsche klar

Und als alles fertig war
setzte sich der Hahn hinein
fand das Gutzschen fein
weil man so bequemer reist

Inhalt

Uwe-Michael Gutzschhahn wurde 1952 im Rheinland geboren. Den Namen verdankt er seinen sächsischen Vorfahren. Er wuchs in Dortmund auf und studierte deutsche und englische Literatur. Seit 1978 hat er mehrere Gedichtbände für Erwachsene veröffentlicht, später schrieb er auch einige Romane für Kinder und Jugendliche, u. a. „Betreten verboten" (1995) und „Der geheime Bericht über den Dichter Goethe" (zusammen mit Rafik Schami, 1999). „Unsinn lässt grüßen" ist sein erster Kindergedichtband. Inzwischen lebt er als Autor, Übersetzer sowie Herausgeber zahlreicher Lyrik- und Prosasammlungen in München.

Erhard Dietl, 1953 in Regensburg geboren, hat schon als Kind gern eigene Geschichten erfunden und dazu Bilder gemalt. Nach einer Ausbildung zum Grafiker studierte er an der Akademie der Bildenden Künste München. Heute arbeitet er als Zeichner, Autor und Musiker. Bisher hat er ca. 150 Kinderbücher verfasst, die in viele Sprachen übersetzt und mehrfach ausgezeichnet wurden. Neben seinen eigenen Büchern illustriert er auch Kinderbücher anderer Autoren; seine Radierungen, u. a. zu Gedichten von Erich Kästner, Joachim Ringelnatz und Ernst Jandl, waren bereits in zahlreichen Ausstellungen zu sehen.

1. Auflage 2012
Copyright © 2012 Gerstenberg Verlag, Hildesheim
Alle Rechte vorbehalten
Besonderer Dank gilt Dr. Josef Mayinger (Atelier für Radierkunst)
www.radierwerkstatt.de
Druck und Bindung: TBB, a. s., Banská Bystrica
Printed in the Slovak Republic

www.erhard-dietl.de
www.gerstenberg-verlag.de

ISBN 978-3-8369-5482-2